À
PARIS
JOËLLE JOLIVET
&
RAMONA BĂDESCU
(Les Grandes Personnes)

1. L'île de la Cité vue du quai des Grands-Augustins

2. Fontaine Stravinsky, de Jean Tinguely et Niki de Saint Phalle, Paris 1er

Il y a un endroit

de vert en gris au fil de l'eau
où les péniches glissent où les vélos filent
où les cerisiers fleurissent
entre les pandas roux et les grands singes,
il y a, oui, un endroit où,
le même jour, tu peux admirer
des hiéroglyphes, la Joconde,
des rues pavées, l'élégante tour Eiffel,
et traîner dans des cafés bondés,
grands magasins, petits marchés,
traverser un bout d'Asie, un bout d'Afrique,
un air de chanson, une scène de cinéma...
Et regarde !
Partout des gens, des gens, des gens...
tous différents.
Ils se frayent un chemin
dans la fourmilière de la ville,
hop ! dans le métro,
au café, sur un banc,
regard perdu ou joues rosées,
oui, les vies, les possibles sont
si nombreux, ici,
à Paris !

Depuis les toits de zinc du quartier du Marais,
tu vois ce drôle d'amas, tuyaux, tubes,

escalators, bleu, rouge, vert, c'est Beaubourg !
Et de là-haut, la plus belle vue de Paris.

3. Le Centre Pompidou, vu du Marais, Paris 4e

Voici celle à qui il aura fallu deux siècles pour se dresser, que le feu a failli emporter il y a peu, et qui, sans Victor Hugo, ne serait peut-être plus ici aujourd'hui : Notre-Dame de Paris !
Sur l'île de la Cité, enveloppée par les deux bras de la Seine, elle est admirée chaque jour par une foule de promeneurs. Depuis le XIIe siècle, il y aura eu, ici, mariages royaux, passage des révolutionnaires, sacre de Napoléon empereur, pillages, incendies, oubli et renaissance.
Sur son parvis, la rose des vents c'est le Kilomètre Zéro. Toutes les routes démarrent ici, nombril de France dans le ventre de Paris !

4. Notre-Dame de Paris, Paris 4e

Au Panthéon, les grands hommes ! Victor Hugo, Zola, Jean Moulin, Marie et Pierre Curie, Joséphine

Baker, Simone Veil – des femmes, il y en a si peu ! –,
tous reposent à présent sous la coupole argentée.

5. Le Panthéon,
Paris 5[e]

Au Jardin des Plantes, on peut laisser filer les heures, les pensées... reprendre son souffle, avancer. Entre la grande galerie de l'évolution, la girafe, la baleine... les serres royales où, depuis Louis XIV, poussent bananiers, caféiers, cactus, poivriers... et dehors parmi pivoines, jardin alpin, jardin potager, le plus beau cerisier de Paris ! Ici, des bancs pour s'asseoir, des allées de platanes où flâner... Un tour de manège ou un tour dans l'une des plus vieilles ménageries du monde ? Oiseaux, singes, pandas roux, panthères, on peut y voir aussi des squelettes de dinosaures, des escargots, des minéraux... Et après, pourquoi pas, siroter un thé à la menthe, tout près, dans les mosaïques du café de la mosquée de Paris !

6. Le Jardin des Plantes, Paris 5e

Barbès ! Le métro file sur les viaducs au grand air.
Ici ça fourmille : voitures, vélos, bus, promeneurs,

bonnes affaires… de là, on aperçoit les dômes du Sacré-Cœur, l’église de Montmartre !

7. Station de métro Barbès-Rochechouart, Paris 18e

À Paris, il y a cette chose incroyable : si tu regardes bien à côté de la Seine, tu peux voir, comme tracée à la règle, cette grande ligne droite qui va du Louvre au Carrousel, en passant par le jardin des Tuileries, l'obélisque sur la place de la Concorde, les Champs-Élysées, l'Arc de triomphe… et la Grande Arche, tous parfaitement alignés, du Moyen Âge à aujourd'hui. C'est l'axe historique, la voie royale !

Le Louvre, Philippe Auguste, François Ier, Henri IV, tous les rois de France, à partir de 1190, y ont habité. Jusqu'à Louis XIV qui le quittera pour Versailles. Aujourd'hui, c'est un musée qui abrite la Joconde, la Vénus de Milo et accueille plus de huit millions de visiteurs chaque année. Dans la cour, la Pyramide, transparences de verre, est là depuis 1989.

Et puis si tu passes sous l'arc de Triomphe du Carrousel, tu pénètres dans le jardin des Tuileries. Le plus ancien jardin à la française de Paris ! Dessiné par Le Nôtre, il n'aurait pas beaucoup changé depuis le XVIIe siècle – sauf pendant la Deuxième Guerre, lorsque les Parisiens, affamés, l'ont transformé en potager –. Prends une chaise,

un rayon de soleil, près du bassin, entre les sculptures... ou un peu de hauteur dans la grande roue près de la rue Rivoli !

Toujours dans l'alignement, ce pic-là, tu vois, avec sa pointe dorée, place de la Concorde, ce n'est rien de moins que l'un des deux obélisques de Louxor ! Cadeau de l'Égypte à la France, choisi par Champollion, il trône sur son socle depuis 1836. Il aura fallu plus de six ans pour que ses 230 tonnes remontent par bateau du Nil jusqu'à Paris.

Plus loin, la grande avenue, ce sont les Champs-Élysées. « Île des bienheureux » chez les grecs anciens, à Paris c'est une promenade monumentale ; défilés du 14 juillet, arrivées du tour de France, boutiques plus ou moins chics... « Il y a tout ce que vous voulez aux Champs-Élysées ! »

Au bout du bout, l'Arche de la Défense, version XXe siècle de l'Arc de triomphe, ne commémore, elle, aucune victoire militaire. Achevé en 1989, cet énorme cube de verre évidé sert surtout de bureaux.

8. Voie royale : du Louvre à la Défense.

Tant de ponts enjambent la Seine, et relient les deux rives de Paris ! Le pont des Arts, lui, traverse aussi

films et chansons, livres, peintures et bien sûr le cœur de tous les amoureux de Paris !

9. Le pont des Arts et le pont Neuf, Paris 1er

CINEMA
LE CHAMPO
LES 400 COUPS
Mon Oncle
HOTEL
REFLET MEDICIS 3 SALLES
REFLET

Ici, près de la Sorbonne, c'est le quartier du cinéma. Films du monde entier, d'aujourd'hui, hier ou demain, les films qui font palpiter le cœur, changer l'air du temps, ouvrir les portes du possible, tu pourras les voir dans ces cinémas !
Un film ou deux ou trois ? Et un café ? Avant ? Après ? Le jour ? La nuit ? C'est possible ! C'est Paris !

10. Angle de la rue des Écoles et de la rue Champollion, Paris 5e

En trois années, Napoléon III a fait transformer la carrière de pierres destinées aux bâtiments de Paris

en un parc : les Buttes-Chaumont. Lac, cascade, temple, grotte, tout y a été construit, rien n'y était !

11. Parc des Buttes-Chaumont, Paris 19e

Un arrêt au pied de la tour Montparnasse pour attraper quelques fruits frais au marché. Carottes, poireaux, saucisson, panais, plus un café rue du Départ, ou rue de l'Arrivée... On est, oui, tout près de la gare Montparnasse. Et si le cœur t'en dit, tu peux monter là-haut ; 210 m au-dessus de la rue, on y voit tout Paris !

12. Boulevard Edgar-Quinet,
vue sur la tour Montparnasse,
Paris 14e

La grande dame ! Inévitable, inimitable, inoubliable tour Eiffel ! Jugée « ridicule, monstrueuse »

METR
QUINET
VOLAILLES
FROM

à ses débuts en 1889, cet élégant perchoir veille sur la ville et nous surprend encore.

13. Passerelle Debilly, reliant le 7e au 16e avec vue sur la tour Eiffel

« Atmosphère ! Atmosphère ! » Le canal Saint-Martin n'en manque pas ! Tracé par Napoléon Bonaparte pour améliorer l'hygiène et acheminer l'eau potable dans Paris, le canal ouvre maintenant ses écluses aux péniches qui promènent les touristes et les curieux. Sur ses berges, chaque dimanche, les voitures ne passent plus ; on arrive à vélo, sourire en coin, fromage dans le panier, et hop ! les quais se transforment en une grande nappe de pique-nique. Mais c'est aussi là, que tour à tour, des personnes qui ont fui la guerre, les répressions, ou que la vie a malmenées, plantent leurs tentes ; fragiles chrysalides sous la pluie de Paris...

14. Canal Saint-Martin, Écluse des Récollets, Paris 10e

Au cimetière du Père-Lachaise, on peut se promener des heures. Y reposent côte à côte La Fontaine et Molière, mais aussi Guillaume Apollinaire, Alain Bashung, Sarah Bernhardt, Colette (sans ses chats), Champollion, Patrice Chéreau, Alphonse Daudet, Eugène Delacroix, Pierre Desproges, Gustave Doré, les fils, frère et mère de Victor Hugo, Marcel Proust, Camille Pissarro, Gertrude Stein et son amour Alice B. Toklas, le mime Marceau...
Il y aussi le communard mur des Fédérés, la musique de Jim Morrison, dont la tombe est toujours fraîchement fleurie, sans oublier la tombe au fameux gisant, un peu usé, de Victor Noir. Et tant d'autres encore... Mais ce n'est rien à côté de nous, trois millions et demi de vivants à nous y rendre, chaque année. C'est l'un des cimetières au monde les plus visités !

15. Cimetière du Père-Lachaise, Paris 20^{e}
Ci-dessus : Une fameuse entrée de métro d'Hector Guimard

L'Opéra ! C'est Charles Garnier, l'architecte de cet immense gâteau doré. Tout là-haut, entre les corps

sculptés de la Danse, la Poésie et la Musique,
butinent des abeilles qui font du miel en plein Paris !

16. L'Opéra (Palais Garnier), Paris 9e

Et nous voici arrivés dans cette Asie de Paris
où, entre dragons, lions, et grandes tours,
une nouvelle année se glisse.
Glissons avec elle, encore plus près, dans ce Paris,
qui panse encore ses blessures des attentats
et vit, et vibre, et vit, étonnant kaléidoscope
des temps, des musiques,
de promenades innombrables, car, tu le sais,
aucune image, carte postale ou mot
ne valent un tour, un jour ou deux,
des mois entiers, une vie peut-être
ici, où il y aura toujours des gens
pour crier fort “Liberté, Égalité, Fraternité”,
ce bateau-mouche qui file,
ces entrées de métro follement décorées,
ou la plage qu’apporte l’été en bord de Seine,
ces jeunes filles qui sourient,
et la nuit, l’air frais, les cerisiers fleuris,
les cachalots du Muséum,
la tour Eiffel bonjour,
les thés à la menthe,
et toujours cet air-là,
qui flotte dans l’air,
pétillant gris léger
qu’on ne peut
sentir vibrer,
tu vois, qu’ici,

à Paris !

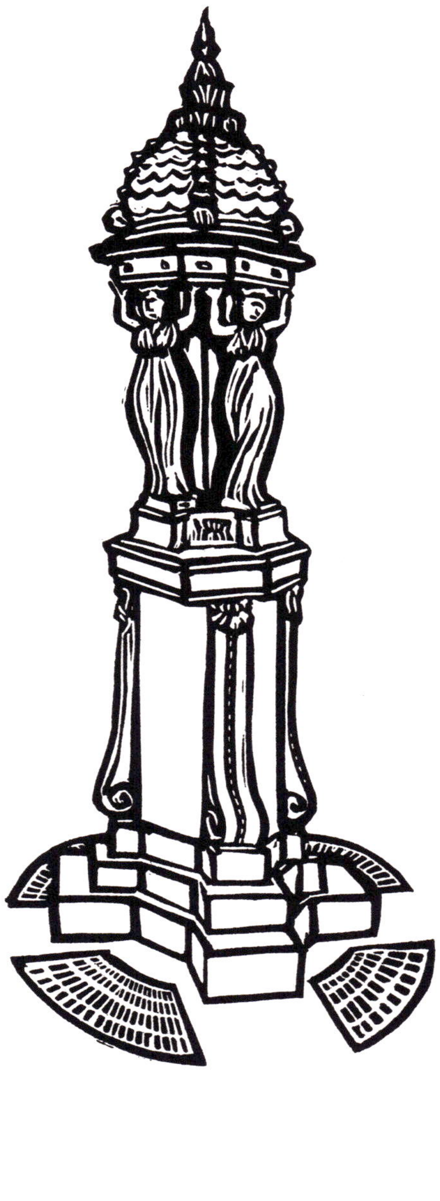

17. Avenue d’Ivry, Paris 13e
Ci-dessus : Une fontaine Wallace

PHỞ
大吉大利
Phở
SAIGON

N° 362851 – Impression N° 2
Dépôt légal : septembre 2014
Loi 49-956 du 16 juillet 1949 sur les publications destinées à la jeunesse
Conception graphique : Julie Galand
Imprimé en Chine
Éditions des Grandes Personnes,
35 quai d'Anjou, 75004 Paris
editionsdesgrandespersonnes.com